神々との対話

Dialogue with the Gods

猿田彦大明神、大尊天、月読命、
千手観世音菩薩、イエス……

森中めぐみ
神を描くスピリチュアルセラピストヒーラー

現代書林

はじめに

この本を手にとってくださってありがとうございます。私はスピリチュアルセラピストヒーラーの森中めぐみです。現在、東京・浅草を拠点に、皆さまの運気を引き上げるお手伝いをしています。

不安・苦しみ・悲しみ・恐れ・妬み・嫉み……など、皆さまを苦しめる原因は尽きることがありません。でも、ひとりで思い悩まないでください。我慢をしなくていいのです。

自分ひとりの力では乗り越えられないと思い悩んだ時は、決して無理をしないでください。どうか私のところへ来てください。

かつての私は夫に裏切られ、借金に苦しめられ、さらに愛する人を失うという悲しみに打ちのめされました。しかし、それらは神さまが私に与えた試練だったのです。

妬み、嫉み、意地悪などの負のエネルギーを正のエネルギーに変え、つらさと悲しみを乗り越えて、心の痛みから癒しの力を得ることができました。

今の私は、皆さまを救うためにこの仕事をしています。

この本と出会ったあなたに、愛と光、そして祈りの気持ちが届きますように――。

２０２４年10月　森中めぐみ

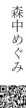

もくじ

Part 1
人生のつらさを知らなければ、人の痛みはわからない

Part 2
人生にはつらい時が必ずある。しかし、それには意味がある

Part 3

スピリチュアルアートと神の声を聴くということ

人生のつらさを
知らなければ、
人の痛みはわからない

Part 1

人生には無駄はない

明日なんて来なければいいのに……と思って過ごす毎日も、やっぱりそこには意味があるのです。

なぜそう断言できるかと言えば、私自身がつらく苦しい時代を何年も過ごしてきたからです。神さまは私に「おまえは貧困からどうにかここまで生き延びてきた。全部経験したから、その気持ちをみんなに伝えることができる」と、私が人を助ける道に進むための「気づき」を与えてくれたのです。

でも、そこに至るまでの私には、つねに「暗い影」がつきまとい、心も体もボロボロでした。苦しみの始まりは、愛のない結婚からです。天涯孤独の夫と、同情に近い愛情で一緒になってしまいました。

ところが、結婚後に彼が12社もの会社から借金をしていることが判明したのです。驚きました。何しろ、まだ新婚生活のうちに電気やガス、水道などの料金の督促状が届いたからです。金融会社による返済を催促する電話も鳴り止みません。

夫に確かめると「給料袋を落とした」と答えました。まだ彼のことを信じていた私は、落とした場所まで一緒に探しに行ったりもしたのです。

とにかく必死にやりくりして公共料金の支払いは続けていたのですが、今度は私のキャッシュカードが無くなってしまいました。

これでは生活ができないと困りました。「銀行のＡＴＭには防犯カメラがついているはずだから、警察へ届けを出します」と夫に話したら、突然夫が「俺です。ごめんなさい」と告白しました。

私の給料さえ彼の借金返済に使われたのです。ついに水道以外は全部止まってしまいました。

何よりつらかったのは子どもに理由を聞かれた時です。娘が「他の家はみんな電気がついているのに、どうしてうちだけ暗いの？」と言うので「暗くなったら寝ればいいの！」と答えた時は、胸が張り裂けそうでした。

夫が勝手に、私名義で借金をしていた

地獄は延々と続きます。何と借金が私にまで降りかかってきたのです。

夫の仕業でした。今は本人以外の貸し出しはできませんが、当時はまだ夫婦であれば、夫は私の名前を勝手に使ってお金を借りることができました。

知らない間に私名義の借金が雪だるま式に膨れ上がっていたのです。

そんな状況でも、まだ私は夫がいつか変わってくれるのではないかと信じていました。

もちろん、お金がないので毎日困ることだらけです。2人目の子どもができたのに、病院で産むためのお金がありません。やむなく自宅で産むことにしました。お産婆さんをしていたという近所の80歳近いおばあさんにお願いして、出産のお手伝いをしてもらったのです。

そこまで苦労しても、なぜか離婚する気持ちにまで至りませんでした。元々、同情から始まった結婚なので、その気持ちが続いていたのでしょう。

それでもボロボロの生活を立て直さなければ、必ず限界がきます。

そこで、母の伝手《つて》を頼って、某銀行の支店長とお会いしました。事情を説明して、1000万円を超えるお金の融資をお願いしたのです。私が考えたのは、今でいう〝借金の一本化〟です。今お金を借りている複数の金融機関に一括払いすることで、借入先を銀行のみに絞れば利息分の支払いが楽になります。

切羽詰まった私に対して、支店長さんはとても親身に相談にのってくださいました。様々な返済方法を指導してくださったうえに、こんな提案をされたのです。

「この借金はすべて自分が払うから離婚してくださいと、夫に言いなさい」

そのひと言が私の胸に響きました。

まるで憑き物が落ちたかのように、私の決心が固まったのです。とうとう夫に離婚を切り出しました。

借金返済のために朝から晩まで働く

夫と別れても銀行への借金は残っています。

私は朝から晩までがむしゃらに働きました。10代から働いていた看護師の仕事をパートタイムにしてもらって、夜は化粧品のセールスを始めました。歩合制で給料がよかったからです。それらの仕事がない土日の夜はコンパニオンをやりました。

セールスの仕事で、今でも忘れられない出来事があります。それは、どうしても40万円の売上が必要な月のことです。元夫が私のクレジットカードを使って140万円近くを借り、車を購入していました。

ローンの返済と生活費を考えれば、その月は、何とか歩合制のセールスの仕事で40万円を売り上げなければなりません。でも、それまでそんな金額に到達したことはないのです。

私はすがる思いで天の神さまに「何としても40万円分の売上がとれますように」とお祈りしました。

すると、その月は不思議なほど商品が売れ始めたのです。訪問する先で必ず売れていくので、そのたびに天の神さまに感謝しつつも、「あともう少し。どうぞよろしくお願いします」とお祈りを続けます。

ついに目標だった40万円分の売上を達成することができました。今、思い返しても、あの売れ方は、文字通りの神懸かりでした。

子どもたちを幸せにできない私は母親失格？

借金返済が順調に進む一方、犠牲にせざるを得なかったのが、子どもたちとの時間でした。シングルマザーの私が朝から晩まで働きながら、子どもを育てるのは並大抵の苦労ではありません。昼に預かってくれる保育園と、夜間に預かってくれる保育所に交互にお願いして、仕事に向かいます。コンパニオンの仕事先の託児施設も利用させてもらいました。

とはいえ、私自身は仕事に次ぐ仕事で、身も心も擦り切れる寸前です。掃除する気力すらなく、ただでさえ狭く小さい部屋が、完全にゴミ溜めのような状態……。ただ流されていく毎日に心まで汚染されていきます。

「こんな生活が子どもたちによいはずがない。このままではみんながダメになってしまう」

思い悩んだ末、線路に飛び込む寸前まで追い込まれていきます。子どもたちは私と一緒にいては不幸せではないかと、ある児童養護施設に連れて行ったこともあります。

しかし、実際に行ってみると、やっぱり手放すことなんかできません。自分のところにいて不幸だとしても、我が子を捨てるような真似は絶対にできない……。

家に帰ったあと、たとえ一瞬でもこの子たちを施設に預けようなどと考えた自分を何度も責めました。今、母親らしいことをしてやれていないけれども、我が子を捨ててしまえば、本当に母親失格になってしまうと、強く自分を戒めたのです。

遭難寸前で見えた「道しるべの光」

心身ともに疲弊する生活が落ち着いたのは、次女が10歳になる頃でした。ある日、なぜか富山県の立山に行きたくなった私は、子どもたちと登山を楽しむことにしました。

当日は晴れ渡った気持ちのよい天気で、頂上で美しい山並みを堪能できました。ところ

が、下山する途中で雲行きがあやしくなり、みるみるうちに辺りは真っ暗になってしまったのです。

異常な急変に子どもたちは怯えて泣き出し、私自身も不安が膨らみました。

でも、同時に私には命を失うことはないという確信もあったのです。なぜなら、私は子どもの頃から、見えない力に守られてきたからです。

幼い時には、酒を飲み、魔が入ってしまった父が暴れたこともありました。包丁を手にした父から逃げる最中に「こちらに隠れなさい！」という声が聞こえて、九死に一生を得た経験もあります。

ですから、遭難しそうなその時も、私は「天上界の神さま、どうかお助けください」と心からお祈りをしました。

すると、足もとを照らすかのように、突然黄色い光が現れたので

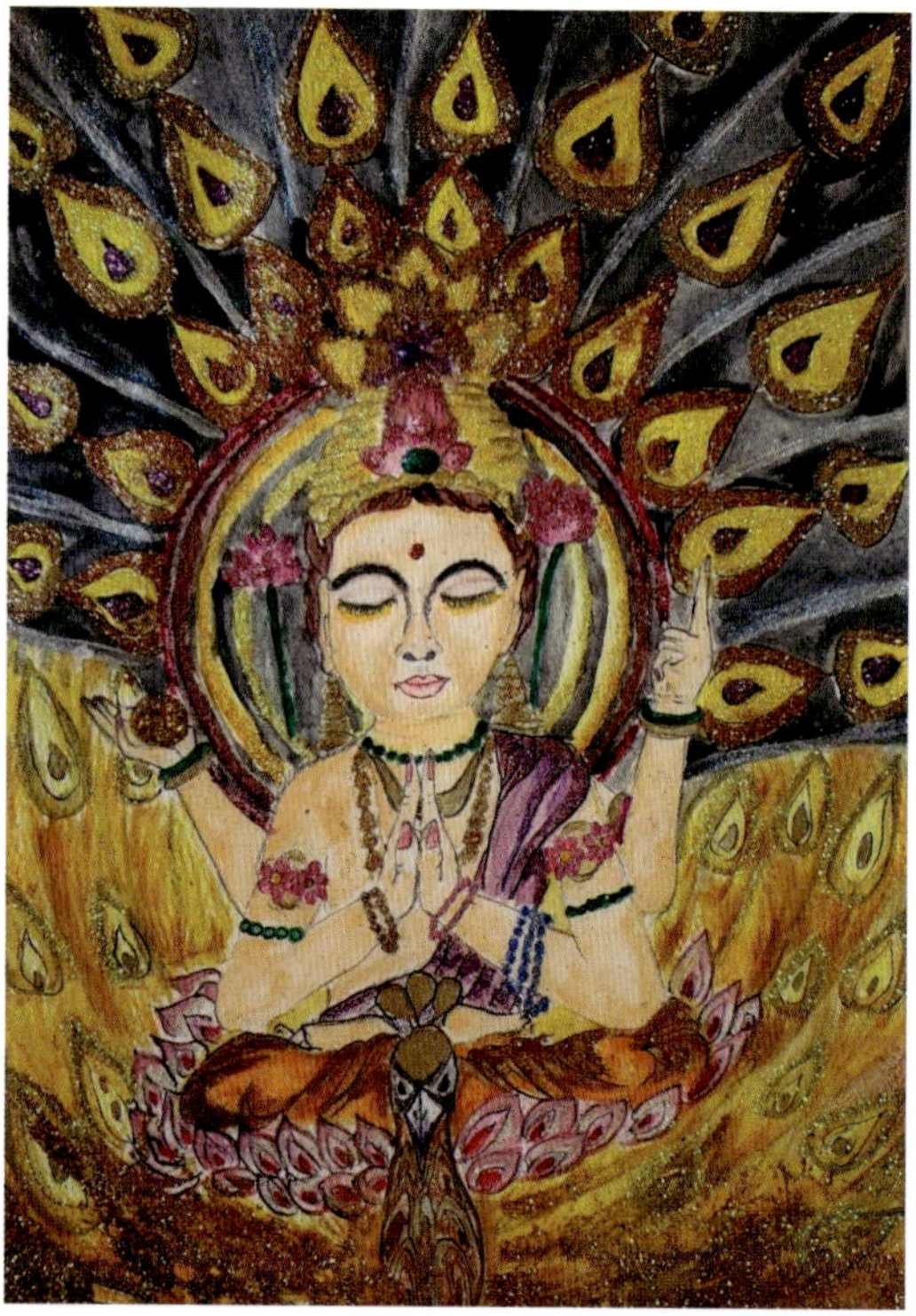

す。しかも、その光が見えるやいなや、不安や恐怖心が消えていきました。

天からの道しるべのような光に従って歩き、私たちは無事に下山することができたのです。

30人目で最愛の人と出会う

「お母さん、私、お父さんが欲しい」

ある日、娘がそう言い出しました。借金返済に追われていた私は恋愛なんてするヒマはなく、まして再婚など考えもつきませんでした。

でも、娘の後押しもあったため、結婚相談所に入会することにします。

この人だと思える相手となかなか巡り合うことはできず、ついには30人目の人とお見合いをしました。実は、第一印象は決してよくありません。

しかし、彼は私と交際する中で、心のこもった贈り物をくれたり、子どもたちを可愛がってくれたりしました。そんな彼に接するうちに、いつしか「まっすぐで優しい人だな」と思えるようになってきたのです。

ついにある日「僕は幸せにできないかもしれないけれど、あなたを大切にします」と彼はプロポーズをしてくれました。この言葉を聞いた私は、きっとこの人なら大丈夫だと感じ、再婚を決意したのです。

その直感は間違いではありませんでした。主人と再婚してからの10年間は本当に幸せでした。

あの10年があるから今の私がいると心から思えます。

突然の別れ……

再婚して10年目。最愛の主人は私が運転する車で起きた事故によってこの世を去りました。

事故の時の記憶はまったくありませんが、救急車を呼んだのは私だそうです。彼は即死でした。三女はＩＣＵ（集中治療室）に入り、私は病院のベッドで目を覚ましました。主人の死を知らされても、現実として受け入れられませんでした。

1週間はベッドの上で絶対安静と言われましたが、お葬式だけは何としても参列したいとお医者さまにお願いし、ストレッチャー（担架）で運んでもらいました。

3か月の入院を経て、ようやく退院しましたが、放心状態です。もうこのまま何もしないで静かに暮らそうとぼんやり決めました。

あなたには人を助ける運命がある

ヒーラーになったきっかけをお話しします。ある日、私は知人から紹介された占い師の方から、「あなたは、たくさんの人を救う運命にあるのです」と言われたのです。

実は、その前にも他の人から同じことを言われていました。

その言葉で、ようやく自分の中で「やっぱりそうなのか」と納得することができたのです。

とはいえ、具体的にどういう方法で人を救い、人を癒せばいいのか、悩みました。

最初に考えたのは、パワーストーンのお店を開くことです。

するとその占い師は「そんなのは誰かにやらせておけばいい。あなた自身が癒す力を持っているのだから、その力をもっと上手に使いなさい」と言ってくれたのです。

たしかに私は昔から不思議な力を感じながら生きてきました。今までいくつかお話ししたように、生死の境を何度もさまよって、奇跡的に助けられてきたのです。

そこで、まずは自分の力というのを理論的に理解するために、霊気の勉強を始めて、ヒーラーの資格を取ることにしました。

本格的に勉強してみると、自分と向き合うことができるようになり、私の勘がどんどん鋭くなっていくのです。そして、「お導き」というのが肌でわかるようになってきました。

Part 2

人生にはつらい時が必ずある。
しかし、それには意味がある

浅草に導かれて

石川県でヒーラーとして活動していると、ある時「東京に行きなさい」という声が聞こえてきました。しかも、「東京へ地震を止めに行きなさい」と言うのです。他の霊的な方からも東京へ行くよう言われました。

私は内なるメッセージに耳を傾け、感謝して従うことで、人生の難局を乗り越えてきました。地震を止めるというメッセージも素直に受け止めました。そして地震だけでなく、東京へ来てからは台風の勢力が弱まるよう、遠ざかるように祈り、魔と闘いました。

私は休暇を取って東京・浅草に行きました。

今でこそ観光客がたくさん訪れる観光名所ですが、23年前の浅草は寂れていました。往来を反社会的勢力と思われるような人がうろついているほどです。

そんな街を人力車で案内してもらっていたところ、ある空き家（現・えるらんてぃ〜）の前に立った時、強烈な感覚を覚えました。

まさに「ここだ！」と感じた私は、何とその場で不動産屋に入居の申し込みをしてしまったのです。

冷静に振り返ると、当時の私の行動はかなり無謀でした。何しろ、すぐに浅草の小学校に、娘の転校の連絡まで済ませてしまったのです。

　でも、その思うままの行動が、すべてストン、ストンとうまく決まっていく感じで、東京への移住は順調に推移していきました。

マリアさまからのメッセージ

　浅草に開店した『えるらんてぃ～』。最初は、ハーブやケヤキの葉などを使って施術をしていました。ある日、葉の中に何かの文字が浮かんできたのです。

　私がその言葉を伝えると、お客さまが楽になったり、元気になったりして帰っていきました。

　突然、私の目の前にマリアさまが現れたことがありました。彼女は私に「イエスのできなかったこ

とをやってください」と言いました。私は当然、そんなことはできませんと断りました。

それからしばらくして、飛行機で移動中の私の席の窓に、ピエタ（イエスさまの遺体を抱く聖母マリアさまの像）が映ったのです。

そして再びマリアさまが「イエスのできなかったことをやってください」と伝えてきました。そのためにイエスの遺体を私に受け取ってほしいというのです。とんでもない話だと思い、その時も断りました。

しかし、気になって、先輩ヒーラーの方に相談したところ、「それは受け取ったほうがいいと思う」とアドバイスを受けました。

そこで、私は次にマリアさまが現れた際、イエスさまの遺体をありがたく受け取ったのです。

賑わいを取り戻した浅草

浅草に来てから23年の月日が過ぎました。ヒーラーとしての毎日は決して順風満帆ではありませんでした。私に意地悪をして、人を救うことを妨害しようとする魔との闘いの日々です。

しかし、妬みや嫉みを乗り越え、プラスのエネルギーに変換してきました。

浅草は商売の難しい土地柄です。この23年間で私の店の周囲のテナントは2店舗を除いて、あとはすべての店が入れ替わっています。

もちろん、コロナ禍の影響もありました。年間で何千万人も観光客が訪れていた浅草なのに、雷門前や仲見世商店街に人がまばらな状態……。

その苦しい時期に浅草を助けてくれたのは、若い人たちです。

次々と閉店していく浅草を盛り返そうと、若い人たちが新しいお店をオープンしてくれました。私のお店のある浅草花屋敷通り商店街にも、行列のできるお店をつくってくれたんです。若い人たちが純粋なパワーで頑張る姿を見てきました。

昔の一部の商売人のように、同じ商店街に店を出しているのに、相手の足を引っ張ろうとする感覚ではないのです。神さまも、これからは争いのない「風の時代」になると言っていました。自分さえよければいいという「地の時代」は終わったのです。

商売敵という考え方ではなく、一緒に浅草を盛り上げて、共存共栄する時代。お互いに「素晴らしいね」って言い合える関係です。

私も恩恵を受けています。ある時に近所に新しくカフェがオープンしたのです。私は開店祝いとして招き猫を一個贈ることにしました。

その招き猫の置物は、カフェの店頭に飾られたのです。それから、不思議なことに私のお店の招き猫が、棚からほとんどなくなるほど売れました。

きっとカフェにプレゼントした招き猫が営業をして、こちらの店にも福を呼んでくれたのでしょう。

父親の借金を子どもたちに告白

2年前に神さまから「おまえは母親として合格した」と言われました。

先述したように、借金返済に追われていた私は、母親失格だと思っていたのです。正直に告白すれば、娘たちに八つ当たりしたこともありました。

でも、神さまは「大丈夫だ。愛があったから。それでもおまえは子どもを手放さなかった。合格だ」と言ってくれたのです。

そこで、初めて私は子どもたちに、昔の経済的な苦労は、父親の借金が原因だと明かしました。それまで、私は父親の悪口を伝えなかったのです。

「何でお母さん言わなかったの？」

当然そう言われました。娘たちからすれば、お母さんには悪い印象がずっとあったと言うのです。生活が苦しいのはシングルマザーなのが原因なんだと思っていたようです。

でも、私は娘たちが大人になってから、本当のことを言う日がくると信じていました。ようやく2年前に伝えることができてよかったです。あの苦しい時代でも踏ん張れたのは、子どもたちがいたからこそです。睡眠時間を削ってでも、働くことができたのです。

そして今、浅草で私はヒーラーとして活動しています。

他人から見れば、遠回りをしてきたような半生かもしれません。

でも、人生に無駄なことは何一つありません。

私にとっては結婚や離婚、再婚、死別、そして、借金でさえも大切な人生の一部です。

女の哀しい性をすべて経験してきた時間にも見えます。

しかし、これらのすべては神さまのお導きでした。自分が人生のつらさを知らなければ、人の痛みを理解できません。それでは、人を癒すことはできないのです。

私の半生は神さまが与えた試練だったのです。

スピリチュアルアートには神さまや精霊、宇宙人が入っている

　私は様々なモチーフで絵を描いています。しかし、その絵は私の意思で描いているのではありません。神さまによって描かされているのです。

　天使さまに「私の姿を描いて」と言われれば天使の絵を描きます。風神雷神に頼まれれば風神雷神の姿を描きます。

　先日は毘盧遮那仏《びるしゃなぶつ》さまから「私の名前は大仏ではない。毘盧遮那仏だということを知らせてほしい。そして薄い衣を、金の衣を着せた絵を描いてほしい」と頼まれました。

　絵のイメージは神さまが具体的に示してくれます。目に浮かんだ通りに描けます。あとは毘盧遮那仏さまだけでは寂しいから、精霊である鹿の姿も一緒に描きました（68ページに掲載）。

　このようにスパッとイメージが降りる時は早く仕上がります。このイメージが降りてくるまで時間がかかるので、自分では次に何を描くのかを決められません。絵に向かっても、まだ完成図が浮かんでない場合もあります。すべては神さま次第なのです。

　だから、自分の絵を見直してみて、この線はどうやって描いたのかを思い出せないことも結構あるのです。もう同じ絵は描けません。

私が神々との交信が頻繁になったのは3年前からです。嫉妬のエネルギーを乗り越えたことが大きいのです。

あとでお話ししますが、私はいろいろな時代で過去生として、何回も生まれ変わってきました。そのたびに神々との通信をし、自分の役割と向き合ってきたのです。

皆さまにも神さまとの対話を聴いてほしいと願っています。次章のQRコードを読み込んで、ぜひ神々との会話に耳を傾けてください。

ニニギノミコトさまからのメッセージ

最初に私の中に入ってきた神さまは猿田彦さまです。その時に「おまえと喋りたい神がいっぱいいる。救う人間もたくさんいる」と教えてくれたのです。

それからニニギノミコトさまが現れ、「富士山の噴火を治めなさい。猿田彦と仲がよいだろう。猿田彦と一緒に守るのだ」とおっしゃいました。

そして、木花咲耶姫さまが「富士山の女神をそなたに託す」と言われたので、神々のご指導通り、日本各地の寺社仏閣を回り、光を降ろして浄化しました。

実は、私は「神さまなら、神々が神社を浄化すればよいのでは？」と怒ったように言ったことがあります。でも、伊邪那美《イザナミ》さまは「神は掃除せぬ。心あるものが掃除するのじゃ」と言われたのです。

私は「神社へお参りに来た人の願いは叶うのですか？」と聞くと「魂の綺麗な光の量だけ願いを叶える。邪気はそなたに掃除してほしい」とご指示いただきました。だから、神さまの言われたままに動き回る、今の私がいるのです。

そして、猿田彦大明神さまが私の守護となってくださいました。その後、私の守護神は、猿田彦大明神さまを筆頭に82柱となり、今では「数えきれない」と言われています。

神々の名を騙り、混乱させる魔も少なくない

〝神〟の名を騙る偽物が存在します。次元の低い偽物が神々と名乗り、悩む人々を混乱させる場合が少なくありません。

私のところに相談に来る方も偽物の神にすがってしまって、余計につらい思いをしている人が多くいます。魂が暗くなってしまうと、地獄界の存在が〝神〟を名乗って寄ってくるんです。私が対話しているのは、真実の神々です。

しかし、すべての私の過去生が本物の神を見分けられたのではありません。偽物を見抜けずに悲劇で終わった過去生が何人もいるのです。

かつて私が、フランスのジャンヌ・ダルクとして生きた時がそうでした。偽物のイエスを信じた結果、処刑されてしまったのです。

このように人間が生きる三次元では限界がありますが、四次元においてはそうではありません。四次元においては、つねに私は、本物の神々と偽物を見分けながら、魔を祓ってきました。

もちろん、私が魔に立ち向かう時は、神々、宇宙人、ハイヤーセルフも一緒にサポートしてくださっています。間違っても、私ひとりで太刀打ちできるわけがありません。

これからは、さらに本物と偽物を信じる人で二極化が進みます。

残念ながら、破壊を楽しむ者と、愛と平和を祈る者に分かれていくでしょう。破壊を止めるために、愛と光で、奇跡と気づきを願い、できるかぎり私は救っていきたいと思います。

私は今世、人間に生まれる予定ではなかった

私は〝神さまの営業レディ〟として、人間に生まれてきました。

しかし、元々、今世は人間に生まれるはずではなかったそうです。神々の世界で修行しながら、地球を見守るはずだったのです。

しかし、私が「人間に生まれて、寄り添いたい」と、地球人間界を選んだそうです。

地球で生まれる際に、選択を与えられました。

1つは女性の魂で生まれ、裕福な家庭の中で生まれ育ち、幸せな結婚生活を送りながら魂を磨く人生です。

もう1つは、男女の魂を持って生まれ、波乱万丈の中で魂を磨く人生でした。

私の答えは、「波乱万丈の人生で、魂を輝かせることを選びます」だったようです。

私の人生が、今の時代の苦しみの中にいる方々の力になっていると、信じています。

レムリアの時代がやってくる

三次元で人間として今世を生き、四次元では魔を祓う私は、五次元では、宇宙のハイヤーセルフを統一する使命を与えられています。

五次元は、争いやエゴ、個もない世界です。不調和や暗い考えがありません。450万年前にあった「レムリア」のような場所なのです。

今や「宇宙を立て直す愛の証人」として、仲間が集まりつつあります。恐れることはありません。

もし、あなたが妬み・嫉妬・怒り・執着に苦しんでいるなら、私が取り除き、洗い流します。相手から攻撃されているなら、私が跳ね返していきます。

それが、私の仕事です。

本書には神々のご指導で描かせていただいた神々や宇宙人の宿る絵をたくさん載せていますので、どうぞ皆さまのお役に立ててください。

スピリチュアルアートと神の声を聴くということ

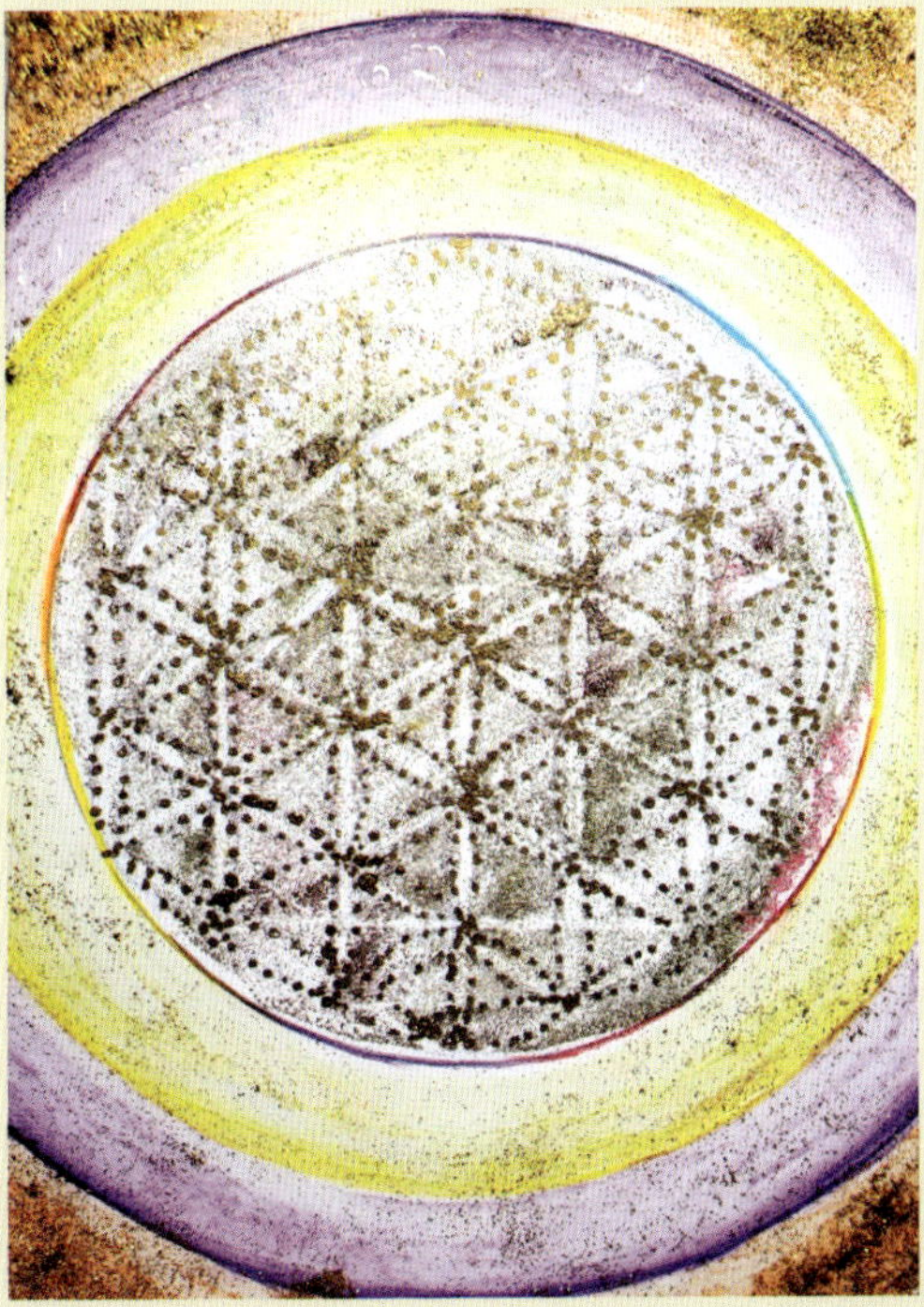

Part 3

月読命さま

月読命さまから、地球上には宇宙人がたくさんいると教えていただきました。良い宇宙人も、悪い宇宙人もいる。特に、攻撃的で破壊的な宇宙人が、神々の声になりすましていると。そうした悪い宇宙人が大勢いるのです。

この日は、私のエネルギーが不足していたため、宇宙人との闘いは次回にしました。エネルギーが不足した状態で闘うと、私に魔が入り込んでしまうのです。さらに、私の偽者がつくられて、霊力のある人々を悪いほうに振り回すことになります。

２０２４年は世界的に、地震の多い年になるようです。

地震は地球を浄化し、人間に気づきを与えるために起こるものだと、神々は言います。すなわち「愛」に気づくことです。

「人間愛、大宇宙大神霊仏、諸天善神、光の天使、諸菩薩、精霊、仙人、天狗界、守護指導霊、御先祖、無限大の光の存在に感謝できる器を育てること」が大切です。

感謝は、無限大です。

ジュピター（木星・太歳神さま）さま

私の元に隕石が来ました。その中にいる方に聞いてみました。

「私はジュピターだ。日本では太歳神である。天なる父だ」と話してくださいました。

隕石は、火星、水星、木星、金星から私の元に来ました。そして、たくさんの隕石は、求めるお客さまの元へ行きました。

土星人に、惑星の役割を聞くことができました。

惑星の役割

火星	闘いと奮闘。行動。セックス。
水星	情報の星。知的。学びの星。コミュニケーション。釈迦。
木星	拡大の星。繁栄。
金星	愛と美の星。
土星	土星の環はイエスさま。試練を乗り越える。
天王星	革命の星。独創性。改革。自分を変えたい時は、天王星の石を持つとよい。モーゼ。
海王星	スピリチュアル。
冥王星	死と再生。

ジュピター（木星・太歳神さま）さまを救う

ジュピター（木星・太歳神さま）さまに続き、大地の母神さまであるキュベレイ女神さまが魔から守ってくださっていました。

闘いの好きな火星人が、木星人によってかなり倒されたとのことです。

ジュピター（木星・太歳神さま）さまに入り込んだ魔を吐き出し、その後、痰も出しながら、木星のエネルギーを取り戻しました。

愛と光を送りながら、木星のエネルギーを建て直していきます。

火星人から魔が抜ける

宇宙人の火星人の中にも、地球人と同じく、良い人も悪い人もいます。

地球人と同様に、悪い宇宙人より魔を抜くことで、元の姿に戻るのです。

地球人つまり人間ですが、人間も魔を抜き取り、思考の習慣の方向性を変換することで、良い方向へいきます。

私はレムリアの時代から、テレパシーで魔を抜くお手伝いをさせていただいています。

大尊天（天地万物の創造者）さま、千手観世音菩薩さま

隕石の中の神さまは、霊気を臼《うす》井《い》甕《みか》男《お》先生にお伝えされた、鞍馬山の信仰「大尊天」さまでした。宇宙生命、宇宙エネルギーである、宇宙の大霊「大尊天」さまです。

1　月輪の精霊　愛＝千手観世音菩薩さま

2　太陽の精霊　光＝毘沙門天王さま

3　大地の霊王　力＝護法魔王尊さま

この三身を一体としたのが「大尊天」さまです。三位一体です。そのため「月のように美しく、太陽のように暖かく、大地のように力強く」と祈り、「すべては尊天にてまします」と続けるのです。助けてくださります。光っているのが毘沙門天王さまの輝きだそうです。その後、千手観世音菩薩さまに私の雑談を聞いていただいた状況でした。お恥ずかしい限りです。

猿田彦大明神さまとイエスさまは、国境を越えた大親友だそうです。

神さまの笑いは、他の神々と同じです。「ワッハハハハハ」と大きく広がりがあります。笑みをすべての人に届けるためだそうです。

最後に「愛を感じてほしい。そなたの力を信じよう」と愛と光と力があふれたお言葉をいただきました。感謝するしかありません。ありがとうございます。

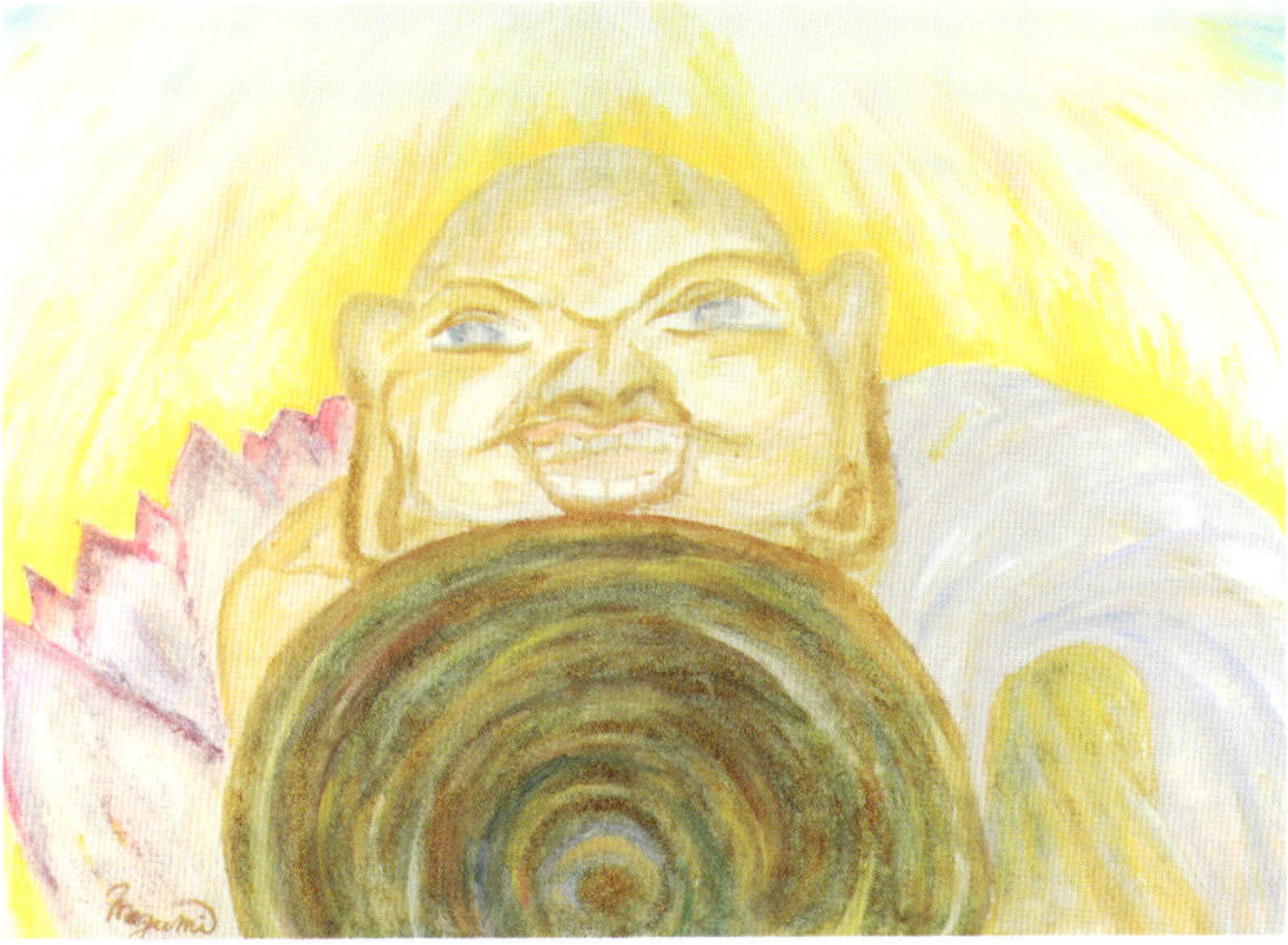

大尊天さま（三位一体）
が入っています。

イエスさま、大尊天（天地万物の創造者）さま

イエスさまと最初にお話ししました。私の喉の左側と肩が痛いため、「誰かいるのですか？」と聞きましたら、フリーメイソンでした。私の元に新たに届いた隕石の存在について聞いてみました（詳しくはＱＲコードから音源をお聴きください）。

「地球に救世主がいると思って、石神さまと同じく、ストーンヘンジから来たのでしょう？」

隕石に話してみたのです。

すると、大尊天さまでした。臼《うす》井《い》甕《みか》男《お》先生に、霊気を伝授された方でした。

銀河よりも遠い、はるか彼方から、36億年前から来たそうです。

以前に、近くにある円通寺で、住職さんに石に触らせていただいたことがあります。その石は同じ隕石だったそうです。その時、腰の痛みが消えたことを思い出しました。

宇宙エネルギーである隕石を少しずつ、地球上に送っているそうです。

日本に降りたのは、氷河時代だった、とのこと。最後の氷河時代は、約２６０万年前の更新世に始まり、第四紀氷河時代と呼ばれるそうです。今もグリーンランドや北極、そして南極大陸には、氷床が存在しています。

地球は、何回も氷河時代を繰り返しています。過去には私は、地球を冷やす役割をしていた、とのことです。その時は、つらかったようです。

火星人が落ち着いてきたので、夏の暑さも落ち着くでしょう。

大阪で、私と一緒に歩んでくださる、女性の友だちができる、とのことです。楽しみにしています。

コロナ禍の間に、神々のご指示で神社仏閣をたくさん訪問させていただき、足腰が強くなりました。

私が白い服を着て仕事をしている理由を聞かれました。神々の着ている服の多くは白で、エネルギーが入りやすいのです。白い服には、神々が降りやすい、とのことです。

偉大な神々の使いが他界することで、なりすましが出てきます。反乱の原因になるのです。だからこそ、謙虚であることが大切です。

私は、他界したら神々に誉めていただき、神々の元に行きたいです。そのため、神さまの言う通り、ご指示に従って、働かさせていただいています。これからは、古い経済システムを新しい経済システムに変えていくことが、私の仕事となります。

あとはＱＲコードから、大尊天さまと私の会話を楽しんでお聴きください。

天空神さま

今の地球は、死ななくてよい方々が命を落としています……。ボランティアのお金が違うところで使われていると聞きます……。たいへん悲しいですね。

宇宙の中心は、創造主の天空神さまです。天空神さまはおひとりです。

天空神さまより「宇宙の同意書をそなたに渡す」というお言葉をいただきました。私、森中めぐみが「宇宙を建て直す愛の承認」だということです。

そんな責任ある仕事を、私にできるかどうかわかりませんが、とてつもない「同意書」をいただきました。

『えるらんてぃ〜』の仲間の皆さまは、私についてきてください。精一杯させていただきます。

真実のレムリア時代

レムリア時代ですが、私が眠くて眠くて、やっとの思いで話をしています。聞きづらくて申し訳ありません。大切なお話ですから、ぜひ聴いてください。

レムリア時代の私につながりました。ミエスといいます。数名いた、女性の神官のひとりでした。オレンジの髪、パープルの目をしていました。レムリア時代は、女でも男でも自由に生きることができました。食という観念はなかったそうです。テレパシーで会話し、愛があふれていました。しかし地殻変動により、レムリア大陸は沈みました。

与那国島はレムリアとつながりがあります。ハワイもレムリアと関係があります。

これから、大いなる奇跡を信じましょう。大いなる幕開けとなります。ゆるぎない愛を思い出し、心の中で何が必要かを思い出してください。愛のエネルギーで生きると、怖いものはなくなります。待つことはない！　進むしかない！　信じる者は救われていく。

私には、神父が必要だそうです。その神父は神々の生まれ変わりとのことです。

数日前に、ジュピター（木星・太歳神さま）さまと1時間の会話の中で、「木蓮の花びらのような愛ではだめだ。薔薇の花のように包み込む愛になりなさい」とご指導いただきました。

今はイメージトレーニング中です。

続・真実のレムリア時代

前回、レムリア時代のご指導をいただいた際は、最初は睡魔と闘いながらでした。魂の暗さを感じました。私の頭をクリアにしてから、もう一度、レムリア時代につながりました。質問をしたところ、いろいろ教えていただきました。

インド洋にレムリア大陸が沈んでいる。レムリアにいた時、私の名前はミエスで、指揮官だった。みんなの思考とつながることができて、意識にテレパシーで呼びかけていた、とのこと。

今のセッションも、レムリア時代のミエスのテレパシーを使って、セッションしているようです。子どもの頃から、テレパシーを使っていたこともわかりました（思うとつながる）。その時分は富山に住んでいたので、日本海に台風が来ると、「太平洋へ行け～」と、そんな願い事をしていました。太平洋側にお住まいだった方、申し訳ありません。

アトランティスは文明です。しかし、レムリア時代は文明ではなく、流行であったようです。

６０００年前、アダムとイヴがいました。私はイヴだったそうです。

アダムの生まれ変わりの方は２０２３年に他界しました。肉体から魂が抜けるまで見送らせていただきました。

魂が抜ける時は、コンニャクかところてんのように、「つるりん」と抜けたようでした。そして、魂は最初に諏訪湖へ行き、その後にいろいろな場所に行ったあと、天昇されました。

アトランティス文明は、銀河系宇宙人が教師役となって、人類に教えていました。

お話しされている方の魂が暗いので聞いてみました。

レムリア時代、私たちは宇宙存在にいろいろ教えてもらい、利益を得たようです。そのことによって楽に生活ができるようになった、と。

しかし、私たちは次第に、宇宙存在から教わったことを、鵜呑みにするように

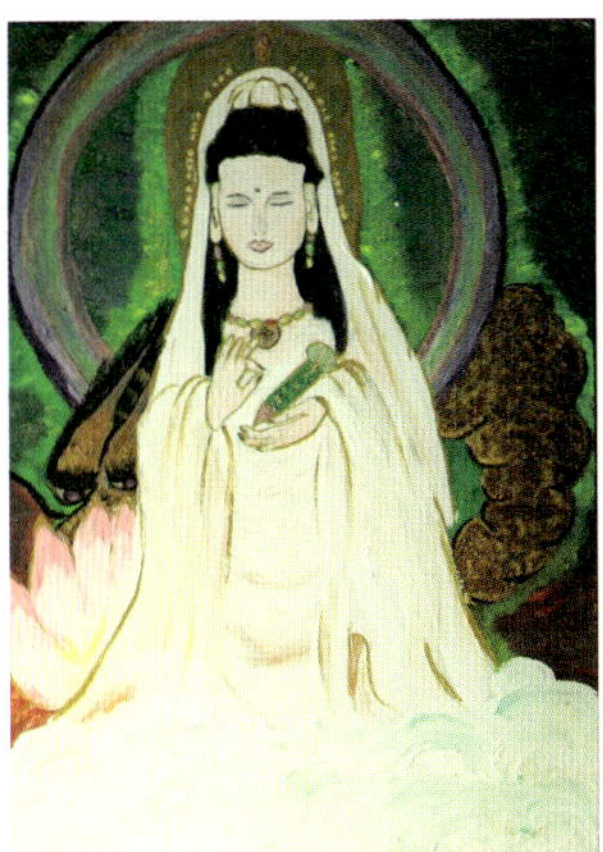

なります。

宇宙存在を神のように敬い、疑問や追及がなくなります。考えることをしなくなり、他力本願になったのです。

その時の苦しみが、魂が暗い原因だとわかりました。

宇宙人たちは、人間に指導することを止めました。そして、何か困ったことが起きたら、少しだけ助けてくれるようになったのです。

レムリア時代のことを文章にしたり、YouTubeなどで発信したりしている人が増えてきました。そのほとんどは、真似に過ぎません。

話をしていると、その方の魂がだんだんと明るくなってくるのがわかりました。私も体が楽になってきました。

疑問を追及しながら、真実を見極め、探ることは大切です。宇宙人や神々のサポートを得られることは奇跡です。

奇跡は、気づき、祈り、感謝、そして再び奇跡につながります。奥が深いのです。

オブラートのような心のフィルターを1枚1枚浄化していきます。心の深い領域に入り、魂の輝きを保つように、丸く、大きく、キラキラしている魂を育てるのです。子どもを育てるように、自分自身を育てます。自分を愛する、自愛、慈愛です。

そして、その方の魂には、悲しみがあるのが見えてきました。

原因は、人間のエゴです。人間は、何度も同じことを繰り返し、地球を破滅させました。そのたびに地球は再生し、破滅に至ります。それが何度も繰り返しているのです。

アトランティスには、9人の神官がいたようです。地、火、水の神官です。さらに鉱石、植物、天なる宇宙、愛と人智、中央の神官、記録係の神官だそうです。

私は、植物の神官だったそうです。

アトランティスでは、競争しようという意識はまったくありません。存在するのは共同意識です。「アイツに勝ってやる」などの考えはなく、「どう共存するか」の意識でした。

私はレムリアとアトランティスにいました。今、私の周りに集まってくれる方々は、レムリア時代からの仲間だそうです。哲学や宗教で関わりのあった人たちでした。そして今世、よき波動を届けるために、結集したメンバーだそうです。

あとはQRコードから、音源をお聴きください。

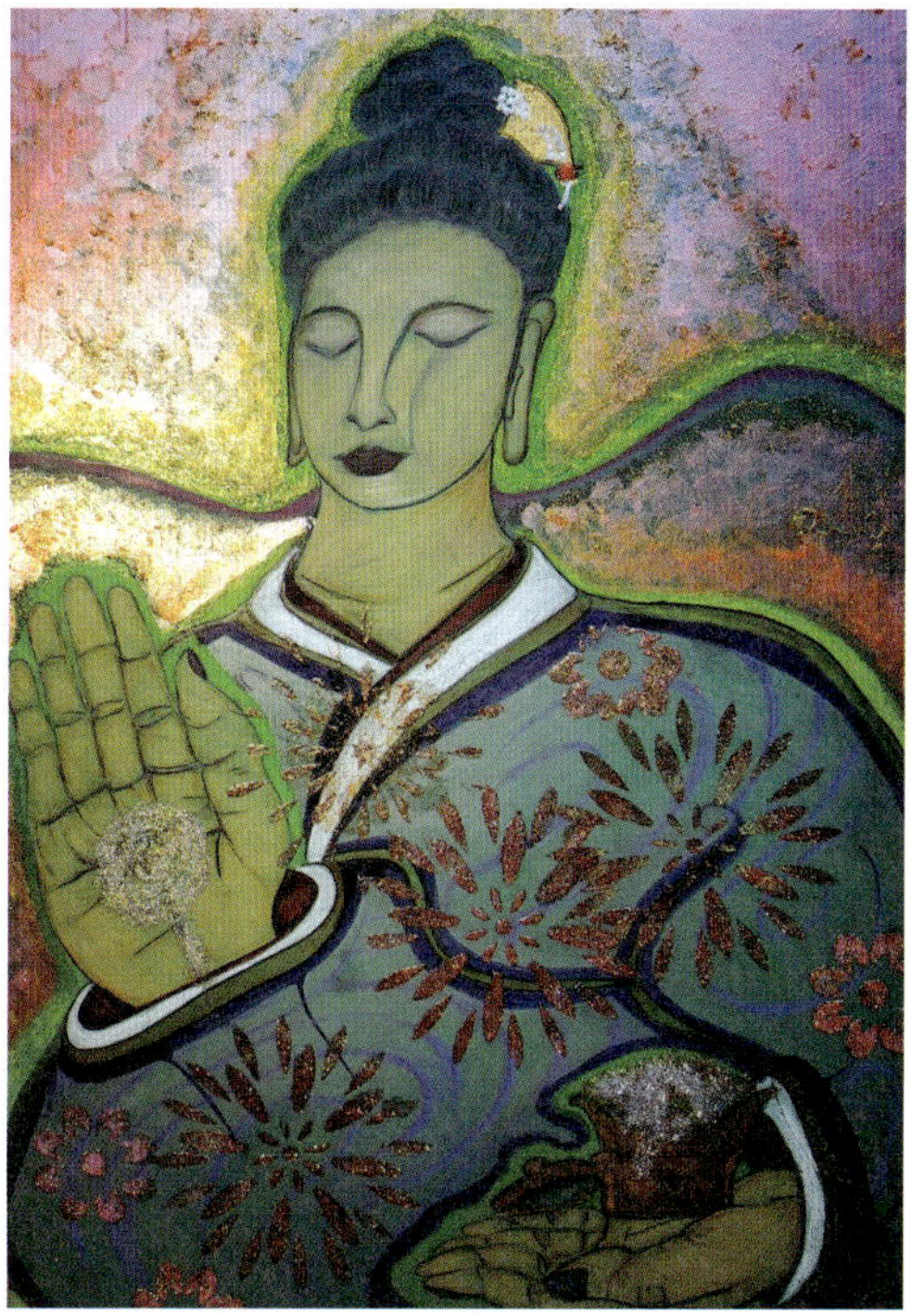

安倍晴明さま

安倍晴明さまより、役割などを説明いただきました。

雨には御祓《おはらい》の雨もあり、天文学者として、占いもしていました。

陰陽師として、結界を張り、国を守っていました。国家公務員のような役割だったそうです。区切っては守り、結界を張り、悪しき者から守っていた、とのことです。

詳しくは、QRコードから、安倍晴明さまのお話をお聴きください。

猿田彦大明神さま、モンゴル・テングリ神さま、大地の母・キュベレイ女神さま

千葉県に地震がたびたびありました。まるで能登地震の前兆のように直感いたしました。

2年前に「千葉の銚子海岸へ来てほしい」と神々に言われて行きました。その時、銚子海岸で、猿田彦大明神さまが海を守ってくださる絵を描きました。そのことをブログに書いたら、千葉県のH・Kさまより、すぐにご連絡がありました。

ブログ　https://www.eruranthy.jp/article/detail.php/513/932771
https://www.eruranthy.jp/article/detail.php/513/932772

猿田彦大明神さまにお願いをすることにしました。私と猿田彦大明神さまは、過去生から非常にご縁があります。

モーゼ神の魂が12個に分かれました。良い魂が10個、悪い魂が2個です。私と猿田彦大明神さまは、モーゼ神の良いほうの魂でした。

H・Kさまに光をつなぎました。そして千葉の海岸ですが、私の祈りのパワーと、猿田彦

大明神さまにお願いしたことで、新月から満月まで、様々な神々が動いてくださいました。

猿田彦大明神さまから「神であっても万能ではない。人より優れた力があるから、神に選ばれた。人と同じく感情がある。嫉妬もある……」という、貴重なお話をお聞きしました。


神だから何でもできると思う人がほとんどでしょう。でも、そうではないのです。

真心で、魂が美しく、感謝のある祈りなら、神々は祈りに寄り添いやすいそうです。神も人間と同じく心があるのです。

お陰様で、千葉海岸の地震は落ち着いているようです。

地震はこれからもあるでしょうが、気づきと感謝で祈りたいと思います。

２０２３年4月にモンゴルへ行きました。モンゴルの神、テングリ神さまのお話を聞くことができました。

「オボ」という小石を積み重ねた祈りの場所は、テングリ神さまとつながっていることを知りました。そしてかつて私が、モンゴルでシャーマンだったことも教わりました。そのイメージをテングリ神さまとつないで絵に描きました。私が描くことで、モンゴルに光が広がるとのことです。嬉しいです。


何ともいえない心地よい薫りと一緒に「大地の母・キュベレイ。やっとそなたの傍に来れました。これから傍で守ります……」と、偉大な大地の女神さまが現れました。何とありがたい。感謝しかありません。

波乱万丈な私の魂の修行も終わりに近づいているらしいです。


地球に生まれて、地球での苦しみ、悲しみ、悔しさ、怒り、そして妬み、嫉み、意地悪のエネルギーの中をたくさん乗り越え、修行をしてきました。「負けてたまるか。私は光とともに歩んで行く。誰に何と言われても。頑張るんだ」と自分に言い聞かせながら――。

「浅草花やしき通り」に来て23年。私を苛めた人たちで他界した人も少なくありません。すっかり活気あふれた「浅草花やしき通り」になりました。

細川ガラシャさま、天草四郎さま

以前に細川ガラシャさまより、「一度、天草へ来てほしい」というメッセージを受け取りました。そのため、２０２３年12月４日に天草へ向かいました。

さまよう魂が多くありました。光へ天昇する架け橋をかけさせていただきました。架け橋をかけることで、私のハイヤーセルフである神々の導きにより、さまよう魂はそれぞれの修行の光へと導かれていきました。

細川ガラシャさまは、私の過去生の方です。その時の細川ガラシャさまは、本物のイエスさまでなく、偽者のイエスを信じてしまいました。

なお、偽者のイエスは、なりすましのイエス、赤のイエス、青のイエスがいます。

私にも３人のイエスが現れました。今回はどうにか偽者を見抜くことができました。偽者のイエスが世界中を混乱させて、宗教戦争を引き起こしていることがわかりました。

その後、天草四郎さまとの会話に変わります。

天草で出会った観光タクシーの運転手さん。私を9時間も観光案内してくれました。これまでは6時間が最長だった、とのこと。体力が持つか、と心配されていましたが、元気いっぱいで１日中、天草を案内してくれました。

天草四郎さまは、イエスさまの良いほうの魂でした。声と波動がイエスさまに似ているので、私にはわかりました。

時代も歴史も変わるとのこと。真実を伝え、広めてほしいというメッセージを受け取りました。

キリシタンの苦しみ、悲しみが伝わりました。涙があふれました。

後々わかったことですが、フランシスコ・ザビエルは、猿田彦大明神さまの過去生の方でした。イエスさまと猿田彦大明神さまが親友として、仲良しである理由の1つでもあります。国境超えてお互いに、「臭い」「ボサボサだ！」と言いながら、いつも仲良く会話をされています（笑）。

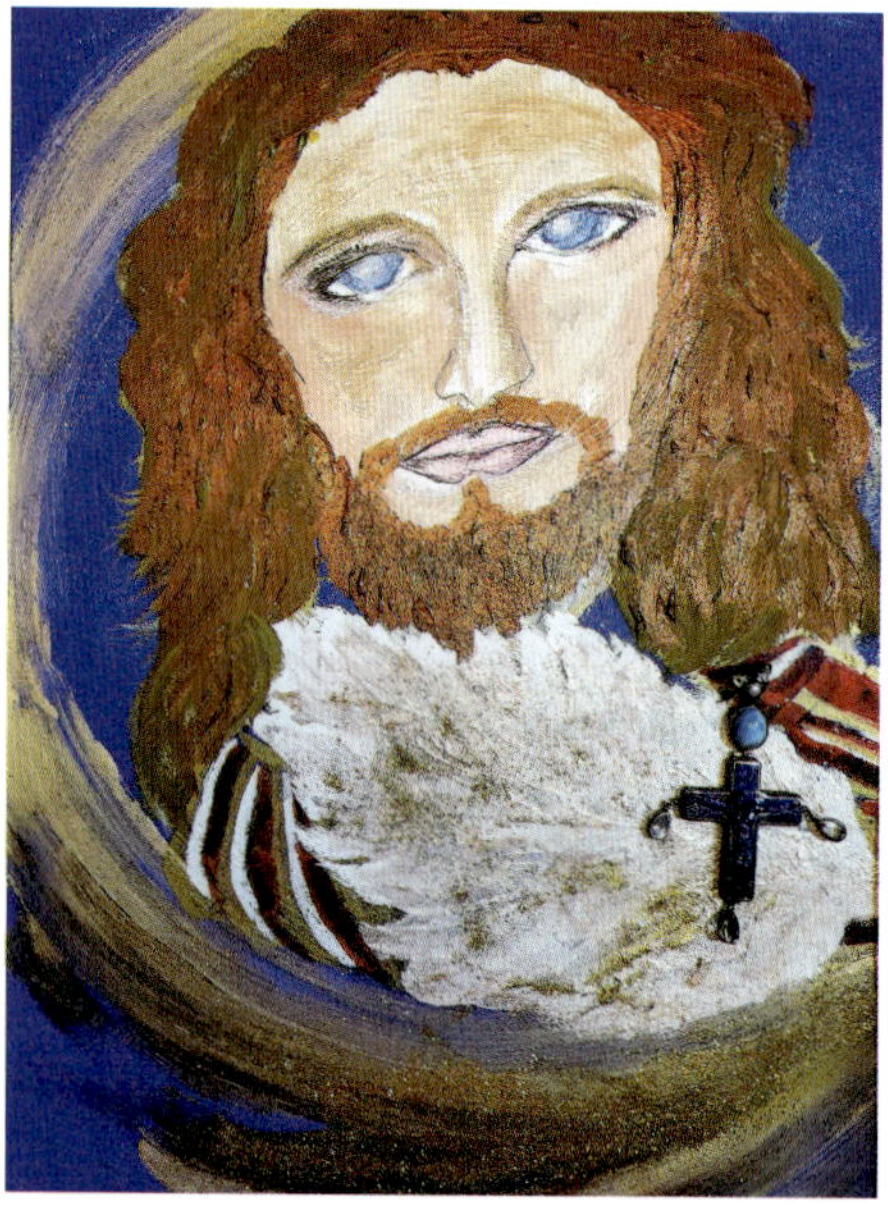

北口本宮冨士浅間神社の八咫烏の子どものカラス天狗さま

「ハトさんかなぁ～。バイバイって手を振ってたから、バイバイって言ったよ～」と孫。

そう、それはカラス天狗さまでした。

「手を振ったら、振り返してきて。目が合ったから、ビックリしたよ」とお話ししてくださいました。

富士山の五合目まで行きたかったのですが、車乗り入れ中止の日でした。そのため、北口本宮冨士浅間神社で祈りました。

詳しくはブログをご覧ください。

ブログ　https://eruranthy.jp/?p=20720

竹林さま

私の過去生で母親だった方がご相談者にいました。

最初の声は、イエスさまです。イエスさまにつないでいただきました。

私は、生まれる時に2つの選択がありました。

1つ目は豊かな家に生まれ、豊かな男性と結婚をします。豊かさの中でも魂を磨く人生でした。この選択をしていたら、竹林さまの娘として生まれる予定でした。

2つ目の選択は、男性と女性の魂を持って生まれます。人の心に寄り添いたいと、波乱万丈の人生を、結果的に私は選びました。

竹林さまと、とよさまとは、親子のご縁があり、いずれも楽しく、幸せだったようです。

私の恩師である丸山弘先生が、私の背中を撫でながら、「あなたは素直で優しい子なのに、こんなに苦労して……」と泣いてくれました。心の氷が、バリバリと音をたてて割れ、流れ去るのがわかりました。私を幸せへ導いてくださった方です。

天界で、とよさまと丸山先生が出会い、お互い幸せそうでした。

恩師の丸山先生が幸せになって、私は幸せです。

Ｋさま

安倍晴明さまの妻は梨花《りっか》といいます。梨花を捨てた両親とつながりました。その方は、私の大切なお客さまのＫさま、富士のみやさまでした。やはり何度も親子や夫婦のご縁があったようです。

晴明さまという半妖《はんよう》の男性と結婚したことを、両親とも嘆いていました。

梨花の前世も、Ｋさまと丸山先生の子どもでした。そのいずれも、夫婦仲はあまりよくなかったようです。詳しくはＱＲコードから、音源をお聴きください。あまりにもビックリして、詳しくは書けません。

恩師である丸山先生が、暗闇から光へ天昇されたことだけは、とてもとても嬉しく思います。このところも、音源を聴いていただけると幸いです。

大尊大（天地万物の創造者）さま、伊邪那岐《イザナギ》さま、伊邪那美《イザナミ》さま

天なる父のおひとり「大尊天」さまのご指導で描かせていただきました。神々とお話ししていると奇跡のご指導ばかりです。

伊邪那岐さま・伊邪那美さまをつくられたのは大尊天さまだとお聞きしました。天と地をつなぐシンボルで、世界のあらゆる人間の遺伝子を混ぜ込んでいる、霊気のシンボルだそうです。日本をつくりあげたそうです。

最初に人類が誕生したのは５００万年前のアフリカだった、とのこと。それから猿人《えんじん》、原《げん》人《じん》となったそうです。

１８０万年前に原人が誕生して、知恵が生まれて、火を使えるようになったそうです。猿の遺伝子が交配を重ねて、人間になった、とのことです。

昔、地球は陸続きだったそうです。

アフリカの経済発展がなぜ遅れていて、戦争がなくならないかを聞いてみました。アフリカから人間が各地へ広がって、大いなる文化をつくりました。しかし、人間のおごりによって、文化を駄目にしているとのことです。

前日に、イスラエルに隣接するガザ地区にいる、偽物の赤のイエスから魔を抜きました。以

前、偽物の青のイエスからも魔を抜きました。本体のイエスと統合することになりました。ガザ地区の戦争も鎮まるとのことです。

実は前日に、偽物の黒のイエスもいると聞いて驚きました。

大尊天さまは、臼《うす》井《い》甕《みか》男《お》先生に霊気を伝えられた方です。霊気は今では、公表してはいけないとされていましたが、心ない方々により公表されているとのことです。霊気の第1のシンボルは、海外へ渡るまでは5回転だったそうです。天と地をつなぐ霊気をきちんと使っているのは、私たちのお仲間から広がった方々のみとのことでした。

伊邪那岐さま・伊邪那美さまもその後、生まれ変わりがあります。それぞれ世界の国で魂は分かれ、国造りが始まったそうです。伊邪那岐さまは、エジプトに生まれ変わっておられたこともありました。


大尊天さまと話している時に、神聖な苗場のマンションの窓際がガタガタと音がしました。ヤギという、タロットカードに出てくる魔物「ザ・デビル」が、私の邪魔をしに来ているらしいのです。その後、魔物「ザ・デビル」からあらゆる破壊感情マイナスを抜き、消えてもらいました。

大尊天さまの貴重なご指導をQRコードから聴いていただき、ありがとうございます。

毘盧遮那仏さま、鹿の精霊

奈良にある大仏さま、毘盧遮那仏《びるしゃなぶつ》さまが、本名を知らせてくださいました。サンスクリット語で、盧舎那毘盧那《るしゃなびるな》といいます。

宇宙の中心から太陽のように照らし続ける、宇宙の根源とされる仏さまです。宇宙そのものを表し、10倍の大きさで仏像がつくられているようです。

奈良の鹿は神の精霊だそうです。毘盧遮那仏さまが薄く衣を描いてほしいとのこと。鹿も描くように言われましたので、毘盧遮那仏さまと一緒に描かせていただきました。

龍神さま、臼井霊気療法

龍神さまとお話ししていました。その時は、大尊天さまから臼《うす》井《い》甕男《みかお》先生に伝授されたことは、知りませんでした。

臼井甕男先生ともお話しいたしました。宇宙と地球上をつなぐエネルギーであると、再度、確信しました。

私も霊気を取得して活用することで、エネルギーの幅が広がりました。セッションに必要な言葉が天から降りてきて、セッションに活用しています。確実に効果があります。

たいへん嘆かわしいことですが、「臼井甕男先生より、自分のほうが素晴らしい！」と自信満々に、誇らしく言う方が増えてきました。また、私が針の治療に行っていた、男性のヒーラの方もそうです。「霊気なんて、何の役にもたたない。私のほうが素晴らしい！」と言っていました。その言葉を聞いてから、針治療へ行くのを止めました。わざわざ私のセッションに来てまで、同様のことを言う方もいました。いずれも、魂が暗い方々です。

セッションで重要なことは「心は丸く、大きく、豊か」で、「魂はキラキラ輝かせる」です。

貴重な臼井甕男先生のご指導を、ぜひ何度もＱＲコードからお聴きください。奇跡としか言いようがありません。

フリーメイソン

私の喉の左側と肩にいるフリーメイソンを離すために、いろいろな方とつながりました。

中世時代の話です。石をつくる仲間を集め、賢い人間だけを石屋の会員とします。その後、国を守る団体となり、ギルドと呼ばれるようになります。神に誓う儀式があったため、影では秘密結社や、陰謀論の中心的存在と見なされました。

今のグランドマスターは、エリザベス2世のいとこである、ケント公爵エドワード王子です。グランドマスターとして、フリーメイソンを支配しています。


ケント公爵エドワード王子とつながりました。

古い金融システムから、新しい金融システムにつながります。さらに、マホメットも新しい金融システムにつながりました。同時に古い金融システムともつながっています。

イルミナティにつながり、新しい金融システムへと移行していきます。

イルミナティが少しずつ宇宙を建て直す愛の一員になります。


古い金融システムで苦しんでいる方々に謝ってほしいと、私は依頼しました。

私は翌日、焼けつくような喉の痛みと、頭痛で苦しみました。熱は39・2度まで上がりました。好転反応です。なお、コロナは陰性でした。

魔と闘ったあとは、喉か腰に痛みがきます。私の体で浄化をしているのです。

これからもずっと痛みを伴いながら、光の仲間や神々と一緒に、光を歩んでいきます。


イルミナティの話はまだ続きます。イルミナティの覚醒についてです。

先ほどもお話ししましたが、イルミナティは古い金融システムとつながっています。

その1つは、不当な地上げです。地上げにより、多くの人は苦しみました。命を落とした人も少なくはありません。私は霊的な闘いを決意しました。

まずは、イルミナティとつながっている建設業者、銀行、税務署、反社会的勢力から、魔を抜く必要がありました。

不当な地上げで苦しみ、他界した方々、そして現在も苦しんでいる方々を光へ導きました。

時間がかかりましたが、イルミナティから魔が抜けていきます。愛を知らなかったイルミナティが愛を知り、人々の苦しみを知りました。懺悔し、恩返しをするために、魂は浄化し、覚醒していきました。


後日のことです。イルミナティは卵のような場所に閉じ籠りました。そこでさらに浄化し、覚醒するのです。

私はイルミナティに語りかけました。

「あなたのせいで、お金の奴隷になった人々がどれだけ苦しみ、悲しみ、そして命を落としたのか、わかりましたか？」

「すべてわかった。反省した。これからは愛と平和のために働く。しかし、私の言えるのはここまでである。あとは、他へつながる必要がある。これからは大きく変わるであろう」とイルミナティは答えました。

その話を聞いたあと、政治の周りにしがみつく、あくどい霊的な宗教とつながりました。イルミナティと同じく時間がかかりましたが、もっとも大きいと名乗る魔物は消えました。

しかし、シバ神さまはこうおっしゃいます。

「たとえると、交通渋滞を起こしていた状態から、スムーズに動きやすくなっただけだ。まだまだ奥は深いぞ」

まずはここまで。いったん休みます。

次の段階では、政治と宗教、お金に関わるいろんなルートと、霊的に闘う必要があることがわかりました。

猿田彦大明神さま、西安で怪我、西安の魔物

私が、20年前から行きたかった長江。今では西安と呼ばれる街です。

私が過去を思い出す、覚醒の場所でもありました。

最初は敦煌へ行きました。ある壁画に引き寄せられました。十字架を持って馬に乗り、逃げている女性が描かれています。私の過去だと直感しました。あとでイエスさまにお聞きしたところ、「香龍《シャロン》」という名前で、やはり過去生の私でした。

中国人として生まれて、キリスト教を知ります。キリスト教を中国で広めようとしましたが、中国人に反対されます。そして、追いかけられ、服を脱がされ、強姦されて、顔には釘を打ち込まれて、苦しんで亡くなったそうです。壮絶な人生でした。つらく、たいへんな激痛だったことでしょう。

翌日、西安に入りました。四川料理に味が似ている、辛い料理を食べながら、赤ワインをボトル半分ほど飲みました。疲れがありながらも、宿に帰り、心地よい気持ちでシャワーを浴びました。その後、バスタブに入ろうとした瞬間、何が何だかわからぬまま、転倒しました。

左腕に激痛が走ります。立ち上がることすら困難でしたが、呼吸を整え、何とかバスルームから出ました。どうにか左腕から袖を通し、服を着ることができました。

このたびの中国旅行で、偶然知り合ったヒロコさんは隣の部屋です。ヒロコさんの部屋まで何とか行き、転倒したことを伝えました。

ガイドさんやホテルの従業員の方々の配慮で、西安に1軒しかない、外国人を受け入れてくれる病院に救急搬送されました。

診察は、上腕骨の骨折。至急、手術が必要と言われましたが、すぐにでも帰国したいと伝えました。1週間に1、2便だけ、西安から成田への直行便があるので、翌朝8時30分の便で、帰国しました。

西安空港と成田空港では、車椅子で送迎してくださいました。成田空港には、旅行会社の社員の方、そして娘が迎えに来てくれていました。成田空港からは浅草病院に直行です。

受け入れ体制が万全で、すべてスムーズでした。神さまと皆さまの御力で、手術を無事に受けることができました。しかし、術後の激痛が半端なくつらいのです。血圧200台が3時間ほど続き、頭が割れるほどの痛みを経験しました。

手術後の激痛に苦しみながら、香龍の痛みが伝わったのだと思いました。

上半身の骨折は、痛みが強いそうです。私は、生死をさまようはずでしたが、生還したそうです。いろいろな神々が教えてくださいました。

このたびの骨折は、魔物さんが深く関係しています。あとで魔物さんは悪いことをしたことに気づき、修行にいきました。魔物さんには本当に、お手柔らかにしていただきたいです。

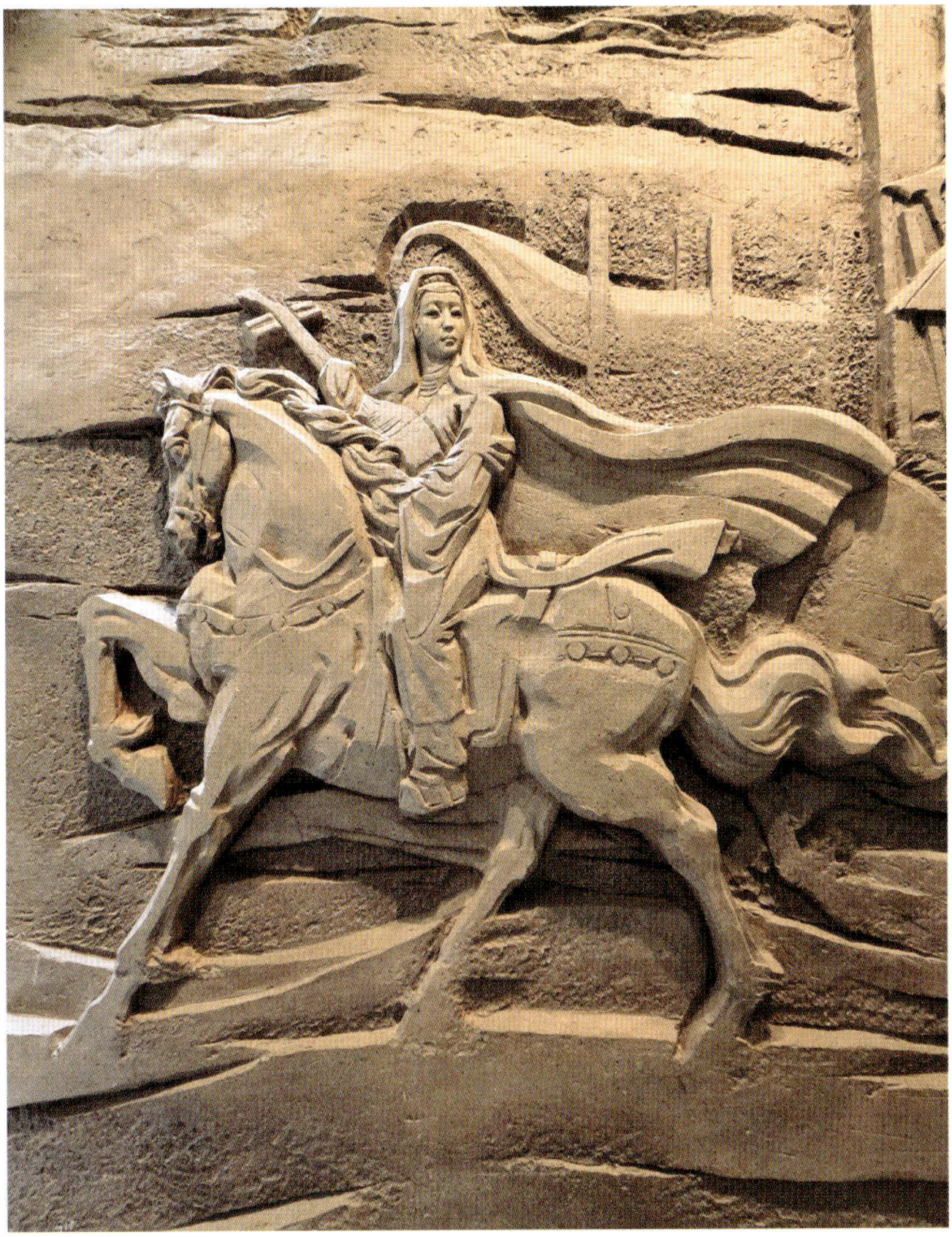

卑弥呼さま

中国の西安での話です。私の過去生の1つが、秦の始皇帝さまと関わりのある女性です。日本に文字などを運んでいたと聞いていました。私はてっきり、貿易のような仕事をしていたのだろうと想像していました。

その後、先ほど述べたように、私は西安で魔に覚醒するのを阻止され、腕を骨折しました。深夜に、ある女性が現れました。たいへん驚きました。

卑弥呼　私は貴女。貴女は「日の卑弥呼」。

邪馬台国には「日の卑弥呼」がいた。その時、日本はまだ文字が存在しなかった。卑弥呼は不思議な力、すなわち魔術の力を持っていた。卑弥呼は邪馬台国の九州にいたと言われている。しかし本当は、卑弥呼は天照皇大神なのだ。

中国では「卑しい弥呼」と書き、「卑弥呼」とした。本当は「日弥呼」なのに。それは日本への嫉妬だ。本当は天照皇大神だ。

貴女の力は神の力。何度も生まれ変わっても、元は神だから、神々と話ができる。

貴女は日の光、天照皇大神、日の日弥呼！　わかっておるか。

私　よくわかりません。

卑弥呼　卑弥呼が天照皇大神だと気づいた者は今では多くいる。いつかそなたに辿り着くだろう。

私　昔、若い女の子がお母さんと店に来ました。私のセッションは受けてませんが、「天照皇大神がここにいます」と女の子が泣きだしました。私は「何を言っているのだろう？」と不思議に思いました。

卑弥呼　その子は正しい。見えたのだ。天照皇大神をそなたで見た。卑弥呼には弟がいる。邪馬台国は、大和の国、大和朝廷なのだ。また卑弥呼にも、天岩戸の伝説がある。森羅万象を創造した造化三神、宇宙がそなたを任命した。

私　イエスさまに「神だった時を思い出せ！」と言われましたが、思い出せないのです。

卑弥呼　そなたは天照皇大神の守りを持っている。自分だからだ。お守りの色は、赤にするのだ。そなたの力は天照皇大神。神を照らし、天を照らす宇宙だ。宇宙創造ゆえだ。それを皆に理解させせないといけない。つながるだろう、すべて！　何度生まれ変わっても、そなたは神と関わり、人と関わるのだ。

私　生まれ変わっても人間界は最後だと、神さまに言われて、喜んでいます……。

卑弥呼　そなたはやるべきことはした。いよいよそなたは宇宙へと向かう。新たな宇宙でまた、人類の成長を見守る歴史的神となる。それゆえだ。わかるか、意味が！

私　……（沈黙）

卑弥呼　そして大きく変わる。それは、すべてそなたの力なのだ。ワハハハハ！　神の心を知るのは、そなただけだ。わかるのかぁー。

私　……（沈黙）

卑弥呼　これから動きが大きく変わる……。そなたは人から注目される。それはオーラだ。その力は神々が大いにわかっている。何度生まれ変わっても、普通の者にはないオーラだ。稲荷大明神を参ったことはあるのか？

私　いや、まだです。稲荷神社を見かけたら祈るだけです。私を張り倒していた狐は、父親に憑いてた狐。その狐が「すまなかった」と謝って、稲荷大明神の元へ行きました。私は挫折しやすい魂でした。だから、私の魂を強くするために、狐に張り倒されていたのだとわかりました。

卑弥呼　そうだ。京都の稲荷大明神だ。大阪に行くならサムハラ神社へ行け。そなたの撮影場所からすぐ近くだぞ。

私　明日、大阪に行く予定があります。テレビ番組の収録の前に行ってみます。

どうぞ音声を聴いてみてください。信じても信じなくても自由です。

話はまだまだ続きます。

2年前に福島稲荷神社に行きました。安倍晴明さまの母が閉じ込められているとのことでした。光を降ろすために、向かったのです。

神社を出て、車を運転したら、小雨の空に白い狐が見えました。白に柄があり、襟元が赤い着物を着ている白い狐です。

白い狐は泣きながら安倍晴明さまと手をつないでいます。「ありがとう～」と私に手を振ります。1000年も閉じ込められた場所から、解放されたとのことでした。

「神社仏閣へは行くな！」という、丸山先生の教えを私は信じて、守っていました。

その後、私が丸山先生を暗闇から救いました。丸山先生が光として天昇されたあと、丸山先生より「神社仏閣へ行くなと言って申し分けなかった。たくさんの神々を助けていることがわかった……」というメッセージを受け取りました。

私は晴々と解放されて、神々の存在を信じることができるようになったのです。

24年前に、「島を巡るのだ～」という声が、内なる心から聞こえました。九州から沖縄に向かい、7つの島々を巡りました。その当時は、神社があまり好きではありませんでしたが、気になる神社が奄美大島にありました。その後、奄美大島に再び訪問した時も、同じ神社へ行きました。その神社にも、安倍晴明さまのお母さまの魂があり、私を呼び寄せていたのです。２年前に訪れた福島稲荷神社でわかりました。

すべて話がつながります。

卑弥呼さまとの録音は１００分以上になります。それを18分以内にまとめました。

「すべての神々はそなたの力を認めている。そなたを守りたい」という卑弥呼さまからのお話でした。恐れ多いお言葉です。しかし、導かれる行く先々で話がつながるので、信じてみようと思います。

おわりに

お読みになっていただき、本当にありがとうございます。感謝です。私はまだ精進中です。神々のご指導によって、神々や宇宙人の宿る画を描かせていただいて、多くの方にメッセージを伝えるのが、私の仕事です。

この本の中でお話ししたように、私の人生は波乱万丈でした。その経験からの「気づき」によって、マイナスの人生からでもプラスの人生を歩むことができると知りました。

そのためには、すべてへの「感謝」が大事です。

礼儀と感謝で、初めてそこから繁栄、発展、成功へとつながります。豊かさを最初に求めてはいけません。最後に豊かさが手に入るのです。感謝へ置き換えることで、祈りのエネルギーが大きく開いていきます。

神さまは魂の綺麗な人と心の綺麗な人の願いだけを聞いてくれます。皆さまが愛と光とともに、奇跡がたくさん来ますようにと、私は願い続けます。

この本と出会った皆さまの毎日が、笑顔でたくさんあふれることをお祈りしています。

最後まで読んでいただき、ありがとうございました。

２０２４年10月　森中めぐみ

森中めぐみ（もりなか めぐみ）

**スピリチュアルセラピストヒーラー、
易聖、仏教セラピスト、生化学博士**

富山県出身。波瀾万丈の人生を送る中でトラウマ、インナーチャイルドを克服。幼少の頃からのヒーラーの力を高め、霊気を学ぶ。その後、エネルギーリーディングの創始者となり、スピリチュアルセラピストヒーラーとして活躍。神さまからのイメージを絵にするスピリチュアルアート・メディカルアートは商標登録されている。

60歳から神々との交信が可能になり、地球破壊を救い、時代を正しい方向へと導く役目を授かる。以降、神々からの願いを受け、各地へと赴き、魔を祓い続けている。僧名は蓬庵。

2006年社会文化功労賞・菊華勲章受賞、2007年生化学博士号取得。

臼井霊気療法ティーチャーズ・ディグリー認定。

https://eruranthy.jp/

神《かみ》々《がみ》との対《たい》話《わ》

2024年11月29日　初版第1刷

著　者　森中《もりなか》めぐみ
発行者　松島一樹
発行所　現代書林
〒162-0053　東京都新宿区原町3-61 桂ビル
TEL／代表　03(3205)8384
振替　00140-7-42905
http://www.gendaishorin.co.jp
絵　森中めぐみ
デザイン　ごぼうデザイン事務所
動画撮影　郡司大地

印刷・製本　(株)シナノパブリッシングプレス
乱丁・落丁本はお取り替えいたします。

定価はカバーに
表示してあります。

ISBN978-4-7745-2028-5　C0011